Made in the USA
Coppell, TX
07 April 2021

53279108R00069